7
Lk 2463

(Par de Perdan, d'après Barbier.)

NOTICE

SUR LA

VILLE DE DOLE,

DANS LE

DÉPARTEMENT DU JURA.

Par M. D. P*****.

A DOLE,

DE L'IMPRIMERIE DE FLORENT PRUDONT,

RUE BESANÇON, N°. 29.

AN 1806.

AVERTISSEMENT.

Cette *Notice écrite d'après les sollicitations de l'amitié, n'était pas destinée à voir le jour isolément; elle devait paraître dans un Almanach historique du Jura, connu sous le nom* d'Annuaire. *Le suffrage de quelques personnes à qui elle a été communiquée, mais plus encore l'espoir qu'elle pourra être agréable aux habitans de Dole, ont déterminé l'auteur à la faire imprimer. Il jouira de la satisfaction la plus vraie, s'ils lisent cet essai avec quelqu'intérêt, et s'ils veulent bien le recevoir comme un témoignage de l'attachement d'un de leurs concitoyens, pour une ville qui lui sera toujours chère.*

NOTICE
SUR LA
VILLE DE DOLE.

POSITION GÉOGRAPHIQUE, POPULATION, DESCRIPTION DE DOLE.

Dole est une ville du quatrième ordre, située dans le département du Jura, dont elle est une des plus considérables. Suivant plusieurs géographes, sa longitude est de 23 d. 10 m. 6 s., et sa latitude de 47 d. 5 m. 42 s. Elle est à dix lieues sud-ouest de Besançon, 11 sud-est de Dijon, 28 nord-est de Genève, et à 80 sud-est de Paris.

Quelque soit le degré d'ancienneté qu'on veuille accorder à Dole, sa position et son étendue ne paraissent pas avoir beaucoup varié. Sa population n'a pas été constamment la même : elle s'est ressentie nécessairement des circonstances plus ou moins heureuses, où cette ville s'est trouvée ; des événemens favorables ou désastreux qu'elle a éprouvés successivement. Dans son état actuel, en y comprenant ses faubourgs, sa population peut être évaluée à neuf mille ames.

Si Dole doit céder le premier rang dans son département, à Lons-le-Saunier, parce que cette dernière ville en est le chef-lieu ; si Salins lui dispute le second, à raison de sa population qui peut être égale ; il n'y a point de ville dans le Jura, on en trouverait difficilement dans les départemens voisins, qui osassent rivaliser avec elle pour l'avantage de la position.

Située sur le revers d'un côteau d'une médiocre élévation, et en grande partie couvert de vignes, elle se trouve placée à une des extrêmités de cette riche plaine, que sa beauté, sa fertilité, ses productions variées, et les rivières qui l'arrosent, ont fait nommer depuis plusieurs siècles *le Val d'amour*. On doit convenir que l'intérieur de Dole est assez peu satisfaisant. Une partie de ses rues sinueuses et inégales, la plupart de ses maisons simples et irrégulières, font une impression défavorable sur l'étranger qui, arrivant par le faubourg de la Bedugue, avait pris de notre ville une idée avantageuse, lorsqu'il avait apperçu au milieu de ce grand nombre d'édifices qui s'élèvent graduellement les uns au-dessus des autres, ce temple dont la tour semble toucher les nuées; et qu'il avait remarqué ensuite les vastes bâtimens des Hospices et de la Sous-Préfecture, ainsi que les restes de ces murs qui de ce côté paraissent encore ceindre la ville, quoique détruits en grande partie par la main des hommes, plus terrible et plus dévastatrice que le tems lui-même et les convulsions de la nature. Mais si l'on jette successivement ses regards sur les dehors de Dole, l'œil enchanté ne sait sur quel objet se fixer. Une rivière que traverse un beau pont de pierre, et qui, après avoir baigné les murs de la ville, semble par son cours tortueux et lent s'en éloigner à regret, se présente d'abord. Ensuite des promenades charmantes, ayant chacune leur agrément particulier, selon les heures et la température. D'un autre côté on apperçoit un faubourg dont le terme se perd dans l'éloignement; des maisons de campagne qui paraissent placées à dessein, à des distances presqu'égales, pour reposer les yeux et enrichir le paysage; un canal dont les bords plantés de peupliers, offrent une ombre agréable au promeneur solitaire. Une immense forêt termine la vue, en laissant cependant appercevoir derrière elle les premières montagnes qui se lient à la chaîne du Jura, au-dessus de laquelle on voit encore quelques sommets des Alpes.

ANTIQUITÉ DE DOLE.

Un site aussi heureux a dû être remarqué dans les tems les plus reculés, et si l'on ne peut fixer l'époque où ce riant côteau a commencé d'être habité, une foule de monumens romains attestent du moins qu'il l'a été sous ces maîtres du monde. On peut ajouter que si les degrés que Ptolomée indique pour déterminer l'emplacement de *Didatium*, s'accordaient moins avec celui de Dole, ou si quelqu'antiquaire, quelque géographe morose ou prévenu, refusait de s'en rapporter à cet ancien auteur, il faudrait alors y chercher une autre ville.

Je place *Didatium* dans le lieu où Dole est situé, non-seulement d'après Gollut, Normand, l'abbé Monnier, dont l'attachement pour cette ville pourrait faire suspecter l'opinion; mais d'après Ortelius, Merula, La

Martinière, Dom Bouquet, et autres savans distingués. Parmi les adversaires de ce sentiment, il paraît qu'on devrait d'abord nommer Dunod, historien de Franche-Comté ; mais l'écrivain qui sacrifie sciemment la vérité à une basse adulation, ne mérite pas d'être réfuté. Le seul ennemi vraiment redoutable est d'Anville, le plus habile géographe du dernier siècle. J'oserai dire que dans cette occasion son extrême prévention contre Ptolomée, l'a empêché de faire usage de sa sagacité ordinaire. Elle l'a engagé à placer près des Vosges, dans un lieu où il existe à peine quelques vestiges d'antiquités romaines, *Didatium*, qu'un grand nombre de monumens, venant à l'appui des degrés indiqués par Ptolomée, doivent raisonnablement faire placer à Dole.

Ces monumens qu'il serait trop long de décrire, sont : des vestiges d'amphithéâtre, des restes d'aqueducs, de bains, les bases d'un petit temple et d'une colonne milliaire, des inscriptions sépulchrales, des figures en bronze, un très-grand nombre de médailles, sur-tout du haut empire, des clefs, des anneaux, des armes, etc. etc.

DOLE DANS LE MOYEN AGE.

Les fréquentes irruptions des barbares dans les Gaules pendant les premiers siècles de l'ère chrétienne, causèrent la ruine d'un très-grand nombre de villes; et les savans conviennent qu'on ne doit pas révoquer en doute l'existence d'une ville nommée par César, Ptolomée, et autres auteurs du même tems, par la raison qu'elle ne se trouve point ensuite dans la table Théodosienne ou dans la Notice de l'Empire. En conséquence, si la Séquanie, plus exposée que toute autre province des Gaules aux ravages des barbares, a vu détruire la plupart de ses cités; si *Didatium* a éprouvé ce sort funeste, on n'en peut conclure que cette ville n'a pas existé, et que Dole n'a pas pu s'élever sur ses ruines. La seule chose, ce me semble, susceptible de discussion, serait de savoir si malgré le changement de nom, Dole doit être regardée comme la même ville que *Didatium*, ou si c'est une nouvelle cité bâtie sur les ruines d'une plus ancienne.

Quoiqu'il en soit, on peut avancer sans témérité, que Dole a commencé sa nouvelle existence sous les premiers rois de Bourgogne. On sait que sous ces princes notre province fut divisée en plusieurs cantons, et Dole seule peut être désignée pour capitale ou chef-lieu du canton d'*Amaous*. Dans le septième, un archevêque de Besançon se conformant à l'usage reçu depuis longtems, de suivre l'ordre civil dans la division des diocèses, partagea le sien en cinq archidiaconés, qui prirent le nom des cinq cantons de la province; et depuis, dans les titres que le tems a épargnés, l'archidiacre d'*Amaous* est souvent nommé archidiacre de Dole.

Vers la fin du neuvième siècle, les Normands ravagèrent le comté de Bourgogne, et Dole ressentit sans doute les effets de cette incursion; mais un siècle après, elle était un lieu considérable : un titre authentique imprimé dans le recueil de Pérard, en fournit la preuve. Depuis cette époque, on ne peut plus élever de doute, non sur l'existence de Dole, ce ne serait pas assez, mais sur son existence comme ville de quelque considération. Les bulles des Papes, les diplomes des Souverains, les chartres des Archevêques, forment une suite de témoignages non interrompus. Qu'on lise sur-tout dans la Bibliothèque des Manuscrits, publiée par le père Labbe, le récit du prodige arrivé à Dole, vers 1124, inséré parmi les miracles de St. Prudent; et l'on verra qu'assez longtems avant Frédéric-Barberousse, Dole était un lieu distingué, déjà alors la résidence ordinaire des comtes de Bourgogne, et devant être regardée comme la capitale de la province.

Bien avant Frédéric, il y avait à Dole un Château souvent habité par nos Comtes; et si ce prince en substitua un plus vaste et qui convenait mieux au premier souverain de l'Europe, il est absurde de dire que ce Château a été l'origine de Dole. Un écrivain passionné peut seul avancer une semblable assertion.

La ville de Dole aimée de ses Princes, constamment favorisée par eux, et reconnaissante de leurs bienfaits, vit se présenter en 1435, une première occasion de leur donner une preuve de cette fidélité, de ce dévouement, et de ce courage qui ne se sont jamais démentis. Le duc de Bourbon après s'être emparé de plusieurs places dans le duché de Bourgogne, vint assiéger Dole; mais vivement repoussé à un assaut qu'il jugea à-propos de livrer, il fut obligé de se retirer avec perte.

La mort funeste de Charles, dernier duc de Bourgogne, de la maison de France, exposa

Dole à de nouveaux dangers. Inviolablement attachée à l'héritière de Charles, et refusant absolument de se soumettre au cruel et perfide Louis XI, ce Prince incapable de rendre justice à la vertu, outré de ce que cette ville avait chassé la garnison française qu'on avait réussi un moment à y introduire, la fit assiéger par Craon, en 1477. Mais ce général fut forcé à une honteuse retraite, après avoir vu ses meilleurs soldats tués et son artillerie enlevée, dans une sortie que firent les braves habitans de Dole.

Cette valeur lutta inutilement contre la perfidie, en 1479. Les Dolois furent alors assiégés par d'Amboise. Ce dernier redoutant leur courage, et craignant d'échouer comme son prédécesseur, eut recours à la trahison. Il séduisit des Allemands appelés au secours de la ville, et réussit à y introduire avec eux une partie de ses soldats qui, maîtres des portes, se mirent à crier : *Ville gagnée!* Les habitans surpris, courent aux armes, et cherchent à repousser les Français ; mais s'appercevant que leurs efforts sont inutiles, ils veulent au moins vendre chèrement leur vie, et se défendent de postes en postes, jusques sur la grande place :

là, accablés par le nombre, ils succombent enfin victimes de leur amour pour leur patrie. Pour conserver le souvenir de ce mémorable dévouement, on éleva depuis sur cette place, un monument pieux que ces derniers tems ont vu détruire.

DOLE MODERNE.

Dole abandonnée à toute la fureur du soldat, saccagée, livrée aux flammes, ne présenta longtems que des ruines honorables. Enfin, après plusieurs années, aidée de la protection bienveillante de ses souverains, secondée peut-être par son heureuse situation, de nouveaux habitans se réunissent à quelques-uns des anciens qui avaient vécu au milieu des débris. Ses maisons se reconstruisent; un temple majestueux s'élève au milieu d'elles. Elle voit le Parlement et l'Université revenir dans son sein, d'où le malheur des tems les avait éloignés. Charles-Quint qui la regarde comme une ville importante, et qui sait apprécier le courage et la fidélité de ses habitans, la fait ceindre de fortifications redoutables. Son fils, quoique constamment renfermé dans son palais de l'Escurial, et ne paraissant occupé qu'à bouleverser l'Europe, n'oublie point Dole et y rétablit une chambre des comptes.

Notre ville jouissait depuis longtems des douceurs de la paix, qu'elle devait à un traité de neutralité conclu avec la France et renouvelé encore pour plusieurs années, lorsque l'ambitieux Cardinal de Richelieu, regardant la réunion du comté de Bourgogne à la France comme une opération avantageuse, envoie en 1636, le Prince de Condé, dans cette province, avec 28000 hommes. Celui-ci arrive aux portes de Dole, et entreprend ce fameux siège qui fera à jamais la gloire des habitans de cette ville, et dont les événemens quoique longuement et fastidieusement écrits par Boivin, se liront toujours avec intérêt.

Délivrée de ses ennemis extérieurs, Dole en renfermait un dans son sein qui la désola pendant plusieurs années. La peste, ce fléau si funeste, réussit à y pénétrer, et s'y maintint longtems, malgré tous les moyens employés pour la détruire. Notre ville respirait enfin, et ses citoyens se consacraient tout entiers aux devoirs que leur imposait la belle devise qu'ils avaient adoptée depuis longtems : *Religio et justitia, æterna urbis fata;* lorsqu'ils furent obligés de reprendre les armes. Louis XIV, dont l'ambition ne connaissait point de bornes, mais qui daignait par fois la colorer de quelques prétextes, faisait la guerre à l'Espagne pour soutenir les droits de la reine de France ; et pour forcer cette puissance à faire la paix aux conditions qu'il proposait, il voulut conquérir la Franche-Comté.

Le grand Condé y entra le 4 février 1668, et se porta sur Besançon, qu'il prit après 24 heures de siège; Louis XIV parut devant Dole, le 10 du même mois. La valeur des habitans, leur amour pour leur patrie et pour leur Souverain, étaient toujours les mêmes, mais les vertus du parlement qui jouissait de toute l'autorité, avaient éprouvé une dégénération sensible. Il était, suivant un auteur instruit, *incapable de donner conseil, ni d'en prendre, et ne sachant ni obéir ni commander.* Aussi, soit négligence ou imprudence, les fortifications étaient dégradées en plus d'un endroit, et la garnison presque nulle. Louis profita de ces fautes, fit faire des attaques vives et répétées, et réussit à intimider le Parlement, qui, contre le vœu général, capitula le 14, et reçut le même jour le Roi dans l'église paroissiale,

siale, où il lui prêta serment de fidélité, sous les yeux des citoyens consternés.

Louis, maître de la Franche-Comté en douze jours, la rendit à l'Espagne au mois de mai suivant, par le traité d'Aix-la-Chapelle, et la garnison Française évacua Dole le 10 juin, après avoir renversé une partie des fortifications.

La France ayant déclaré la guerre à l'Espagne, en octobre 1673, le Roi ordonna au duc de Navailles d'entrer dans le comté de Bourgogne, ce qu'il fit le 12 février de l'année suivante. Ce Prince le suivant peu après, alla s'emparer de Besançon, et se rendit ensuite devant Dole, où il arriva le 27 mai. On avait travaillé les années précédentes à relever ou à réparer les fortifications, mais ces ouvrages n'étaient point entièrement terminés. Cependant les habitans secondés par la garnison firent une belle défense, et ne se décidèrent à capituler que le 6 juin. La garnison Espagnole sortit le lendemain avec les honneurs de la guerre, et Louis XIV entra le même jour à Dole, avec la Reine et le Dauphin. Il alla trois jours après à la Loye, attendre l'issue de quelques sièges, dont le succès le rendit une seconde fois maître de la Franche-Comté, qui fut irrévocablement unie à la France, par le traité de Nimègue, signé le 17 septembre 1678. Le Roi fit alors raser une grande partie des fortifications de Dole, ne laissant subsister que celles baignées par la rivière.

ÉTAT DE DOLE DEPUIS LA CONQUÊTE JUSQU'A LA RÉVOLUTION.

Depuis la réunion du comté de Bourgogne à la France, Dole a vu diminuer sensiblement son ancien lustre. Déjà quelques années auparavant, elle avait cessé d'être la capitale de la province. Après l'avoir démantelé, on lui a enlevé successivement, en faveur d'une ville rivale et plus puissante, le Parlement, l'Université, la Cour des Monnaies, et enfin la Chambre des Comptes.

Lors de la Révolution, Dole conservait encore un État-Major, composé d'un Gouverneur et d'un Major. Elle était le Chef-lieu d'un des grands Bailliages de la province et le siège du Tribunal. Elle avait une Maîtrise des Eaux et Forêts, une Subdélégation, etc. Le Corps de ville était formé d'un Maire, ayant le titre de Vicomte-Mayeur, Lieutenant-Général de Police, de quatre Echevins, de six Conseillers, d'un Secrétaire, d'un Procureur du Roi de Police, et autres Officiers subalternes.

A la même époque, on voyait réunis dans l'Eglise paroissiale de Dole, deux corps d'Ecclésiastiques séculiers : Un Chapitre composé de douze Chanoines ayant un Doyen pour chef, et qui l'était également du corps des Familiers, en sa qualité de Curé de la paroisse. On comptait aussi dans notre ville plusieurs communautés régulières des deux sexes. Il y avait existé pendant près de deux cents ans, un Collège fondé pour les Jésuites, et qui était devenu un des plus célèbres de France, sous le nom de Collège de l'Arc. Lors de la suppression de cette orgueilleuse, mais utile Congrégation, on y avait fait succéder un Collège Royal, dirigé par des Prêtres séculiers, aux frais du Gouvernement.

ÉTAT ACTUEL DE DOLE.

Cette ville est actuellement le siège d'une Sous-Préfecture, et Chef-lieu d'un Arrondissement assez considérable. On y a établi un Tribunal de première Instance. Elle a aussi un Tribunal de Police Correctionnelle, et une

Justice de Paix. La Maîtrise des Eaux et Forêts a été remplacée par une Administration forestière, composée d'un Inspecteur, d'un Sous-Inspecteur, etc.

La Municipalité est formée d'un Maire, de deux Ajoints, d'un Conseil de trente membres, d'un Secrétaire en chef, etc. La Police est spécialement confiée à un Commissaire nommé par le Gouvernement, à un Commissaire adjoint, et à quatre agens particuliers.

Le Collège-Royal ayant été supprimé, les avantages locaux de tous genres que Dole présentait, lui avaient fait obtenir une École centrale, qui, supprimée à son tour, vient d'être remplacée par une École secondaire, à laquelle on vient de joindre un Pensionnat, et dont la ville empressée de répondre aux vues sages et éclairées du Gouvernement, s'est volontiers chargée de supporter tous les frais.

Les établissemens pieux que nous avons indiqués plus haut, et qui avaient sans doute une sorte d'utilité, ont été détruits; mais notre ville a l'avantage d'en avoir conservé ou réorganisé quelques-uns plus véritablement précieux, et dont l'utilité reconnue est la même dans tous les tems, dans tous les instans; puisque ce sont des établissemens de bienfaisance, destinés à subvenir aux besoins de l'homme qui réclame des secours dans les différens âges de la vie.

Ecoles primaires pour les deux sexes.

L'on a dit il y a quelques années, et l'on a répété jusqu'à la satiété, que nous naissions égaux en droits; mais ces droits ne rendent pas notre existence plus agréable, lorsqu'ils ne sont pas accompagnés de la fortune ou de talens, de dispositions heureuses qui peuvent nous conduire à elle lorsqu'elle ne vient pas nous chercher, ou nous en dédommager plus ou moins lorsque nous ne réussissons pas à l'atteindre.

Ces talens, ces dispositions ont besoin d'être développés, cultivés, dirigés. A Dole, les enfans des deux sexes, dont les parens dans l'indigence, ou fort près d'elle, ne pourraient payer des instituteurs mercenaires, reçoivent gratuitement les premières instructions. Les garçons sont confiés à quelques hommes estimables; les jeunes filles à plusieurs Dames qui aiment à se souvenir des devoirs qu'elles s'étaient autrefois imposés : et le zèle des uns et des autres est secondé par les encouragemens et les secours que leur donne une ville, dont le Maire et le Conseil ont constamment le bien public pour objet.

Maison de Charité.

Dans les dernières années du dix-septième siècle, les Officiers municipaux de Dole, projetèrent la création d'un Hôpital qui servît d'asile à un certain nombre d'enfans des deux sexes, nés dans la classe pauvre, et orphelins. Ils devaient y être nourris, logés, entretenus, et recevoir les instructions convenables à leur âge et à leur état. Lorsqu'ils auraient dû quitter la maison, celle-ci se chargeait de leur faire apprendre à ses frais le métier auquel ils paraitraient le plus propre. Louis XIV, dont on sollicita l'agrément, loua cet établissement, s'en déclara le protecteur, et lui donna tous les terreins occupés par les fortifications ou dépendans d'elles. Les dons multipliés des citoyens avaient fait porter le nombre des places jusqu'à soixante, lorsque le remboursement en papier-monnaie des cens et rentes, qui faisaient une grande partie des revenus de cette maison, aurait entraîné sa ruine, si une administration sage, et les secours d'un autre établissement moins maltraité, ne l'avaient soutenue, en obligeant seulement à diminuer un peu le nombre des places.

Maison des Orphelins.

Parmi les jeunes gens qui forment le projet de se rendre utiles à leur patrie, à leurs semblables et à eux-mêmes, en cultivant les lettres, il en est qui seraient arrêtés dans ces louables dispositions, parce que leur situation peu favorable les empêcherait de fournir aux frais que ces études nécessiteraient. Dole offre à plusieurs une maison, où ceux d'entr'eux qui sont Orphelins, sont logés, nourris, entretenus, reçoivent des instructions particulières, et sont dirigés et secondés dans celles qu'ils vont prendre au Collège public. Les autres reçus en qualité de Boursiers, ont les mêmes instructions, sont également nourris; mais leur entretien est à la charge des parens.

Bureau de bienfaisance.

Nos aïeux longtems soumis à l'Espagne, extrêmement attachés à la religion catholique et à ses pieuses pratiques, avaient facilement adopté l'usage de ces sociétés, dont les membres dans le costume le plus humble, manifestaient le repentir de leurs fautes envers le ciel, par des témoignages extérieurs et publics. La Révolution a dissous dans notre ville une confrérie de Pénitens noirs, qui y subsistait depuis plus de deux siècles. L'institution est éteinte, mais on jouit encore des fruits les plus sensibles de cet établissement. Les revenus de cette confrérie toujours destinés aux indigens, ayant heureusement échappés en partie à la voracité des derniers tems, continuent d'être employés à secourir de pauvres familles que le travail seul ne peut faire subsister; et un Bureau composé de quelques citoyens justement estimés, est chargé de l'administration et de la distribution de ces revenus.

Hôpital pour les malades.

Les habitans de Dole aussi humains envers leurs semblables, sur-tout lorsqu'ils avaient besoin de secours, qu'intrépides défenseurs de leur patrie contre ses ennemis, avaient déjà en 1300, un Hôpital pour les malades. Ils étaient autrefois confiés aux soins des hommes; mais en 1663, les directeurs de cet établissement si utile, furent sans doute forcés de reconnaître que les hommes, quelqu'humains qu'on les suppose, ne peuvent pas avoir pour l'être souffrant ces petits soins, ces attentions délicates, cette bonté, cette douce complaisance, qui font une partie des vertus aimables du beau sexe, et qu'il sait manifester avec cet intérêt touchant, qui fait oublier au malade ses douleurs, pour ne s'occuper que des témoignages de sa reconnaissance. En conséquence, ils demandèrent et obtinrent à Beaune, quelques Sœurs hospitalières de l'Institut de cette ville, et elles arrivèrent à Dole peu après. Leur nombre ne tarda pas à s'accroître, et s'est toujours maintenu depuis, même dans ces derniers tems. Le zèle ardent de ces sœurs pour l'humanité souffrante, les a élevées et soutenues dans ces momens orageux, au-dessus des désagrémens, des inquiétudes, des dangers mêmes; et cette constance couronnée du succès n'a fait qu'augmenter, si il était possible, la considération méritée dont elles ont toujours joui.

L'homme qui, approchant du terme de la vie, voit multiplier ses besoins, diminuer ses facultés, ses ressources s'éteindre, trouve aussi un asile à Dole. Dans ce même Hôpital, des personnes bienfaisantes ont fondé plusieurs places pour des vieillards infirmes, et qui ne peuvent recevoir aucun secours de leur famille. Ils sont logés, nourris, soignés, et on leur fournit tout ce qui peut être nécessaire à leur entretien.

Un seul bureau est chargé de l'administration de cet Hôpital, de la Maison des Orphelins et de celle de la Charité. Cinq citoyens présidés par le Maire, composent ce bureau. Le désir d'être utile, réuni à l'intelligence des affaires et aux soins continus, supplée au petit nombre, et l'homme éclairé et sensible ne peut qu'applaudir à leur gestion.

Association des Dames de la Charité.

Quelques pieuses dames de cette ville, formèrent il y a plus d'un siècle, une bourse commune, qui devait être employée à fournir les secours nécessaires aux malades indigens, qui ne peuvent être admis à l'Hôtel-Dieu ; tels que les femmes en couche et les pauvres affligés de maladies incurables. Cette association louable continue de subsister, après avoir heureusement traversé la Révolution.

Les malades sont visités, et les secours de tous genres administrés par des Sœurs de St. Charles, qui furent appelées à cet effet, en

1769, et qui ont parfaitement rempli ce que l'on désirait d'elles.

ESPRIT, CARACTÈRE, INCLINATIONS, INDUSTRIE DES DOLOIS.

En donnant un précis de l'Histoire de Dole, en parlant des établissemens formés dans son sein, nous avons déjà esquissé en partie le portrait de ses habitans. Le courage, la constance, la fermeté dans les dangers, dont nous avons rapporté les preuves multipliées et éclatantes; le goût pour les armes et pour les exercices militaires; effets d'une disposition naturelle, que fortifie par fois la nécessité; ces qualités brillantes, souvent utiles, quelquefois dangéreuses, se retrouvent dans les Dolois d'aujourd'hui. On peut souhaiter de les voir fréquemment céder la place aux talens de l'esprit. Je veux parler de cet esprit qui, plus solide que séduisant, est le plus désirable, parce qu'il est le plus vraiment avantageux à soi-même et aux autres; et c'est aussi celui que l'on peut regarder comme dominant chez les habitans de Dole. Une conception aisée, mais peu vive; des idées saines, mais peu abondantes; un jugement sûr, mais peu rapide; voilà, j'ose le dire avec franchise, le genre d'esprit qui règne généralement parmi nous. Si ce que je viens d'avancer est vrai, on trouvera facilement parmi les citoyens de Dole, un administrateur prudent et judicieux, un bon juge, un savant jurisconsulte, un habile mathématicien, un négociant intelligent, un artiste laborieux et adroit, etc. mais ce ne sera que de loin en loin que l'on verra paraître un orateur véritablement éloquent, un poëte qu'Apollon aura réellement inspiré, un littérateur agréable, etc.

Si l'amour de la vérité m'a empêché d'accorder à mes concitoyens cet esprit brillant, mais frivole et léger, qui séduit trop souvent la multitude, et que l'homme judicieux dédaigne; on me croira, je pense, également sincère, lorsque j'avancerai que l'on trouve chez les Dolois toutes les qualités du cœur. Humains, généreux, affables, bienfaisans; ils sont très-susceptibles des affections douces et sensibles. Disposés à l'amitié, l'ajouterai-je, ils le sont beaucoup à l'amour.

Leur modération ordinaire fait que contens d'une existence facile et commode, ils courent peu après la fortune, et se livrent rarement aux grandes spéculations commerciales. L'industrie, chez mes concitoyens, n'est communément que l'effet du besoin de se procurer une certaine aisance. Lorsqu'ils y sont parvenus, ils s'arrêtent, et jouissent des plaisirs qui s'offrent à eux, et qui, me permettra-t-on de le dire, ne consistent souvent qu'en une douce et paisible oisiveté.

PRODUCTIONS, COMMERCE, RESSOURCES INDUSTRIELLES.

Cette espèce d'indifférence pour les dons de la fortune, qui paraît dominer chez l'habitant de Dole, est peut-être une suite de l'abondance des productions nécessaires à la vie, que fournissent les environs de cette ville, et qu'on a toujours pu se procurer facilement et à peu de frais. La beauté de sa situation a pu y contribuer. Nourris des bienfaits de la nature, ses citoyens aiment à aller revoir ces plaines, ces bois, ces côteaux, ces rivières qui se sont réunis pour satisfaire leurs goûts. En nommant des rivières, des plaines, des côteaux, c'est, ce me semble, désigner suffisamment les productions qui nous environnent. On peut ajouter seulement que parmi un grand nombre de carrières, il en est quelques-unes dont on extrait une pierre dure, marbrée ou jaspée, qui, susceptible d'un assez beau poli, fournit des autels à nos églises; à nos maisons, des cheminées et des tables. Il n'y a point à Dole de Manufacture : les arts n'y sont cultivés que pour les besoins des habitans. Celui de la Tannerie est le seul que l'on puisse excepter, parce qu'il occupe un assez grand nombre d'ouvriers, et que nos tanneurs conduisent des cuirs dans quelques villes voisines.

On doit espérer que le canal qui réunit la Saône au Doubs, et qui arrive à Dole, d'où il va incessamment continuer sa route jusqu'au Rhin, excitera l'industrie, en faisant connaître les avantages du commerce; et invitera mes concitoyens à tâcher d'acquérir la renommée des richesses, qui l'emporte beaucoup aujourd'hui sur la réputation de savant, à laquelle nos aïeux aspiraient davantage.

HOMMES ILLUSTRES.

Dole ayant renfermé dans son sein pendant quelques siècles, une célèbre Université, un grand Collège, et deux Cours souveraines, dont l'une réunissait beaucoup d'autorité à une grande réputation, et dans lesquelles les places destinées au mérite, s'accordaient rarement à la faveur; l'étude de la jurisprudence, était nécessairement la plus suivie; aussi c'est dans cette partie que notre ville a produit le plus grand nombre d'hommes distingués. On doit nommer d'abord *Jean Carondelet*, chancelier de Flandre, et maître des requêtes de l'hôtel du Duc de Bourgogne. Ensuite *Jean de Saint Mauris-Montbarey*, conseiller d'état, ambassadeur en France, et président du Conseil des Pays-Bas. *Antoine de Brun*, ministre plénipotentiaire à Munster, ambassadeur à la Haye, conseiller d'état au Conseil suprême de Madrid. *Jean Boivin*, avocat général, conseiller et ensuite président au Parlement de Dole, jurisconsulte, mathématicien, littérateur, historien, employé dans plusieurs négociations importantes. *Louis Gollut*, auteur des Mémoires historiques sur la Franche-Comté de Bourgogne. *Claude-François Talbert*, professeur en droit à l'Université de Dole. *Jean Girardot sieur de Beauchemin*, conseiller au Parlement, auteur de plusieurs ouvrages sur le Droit et l'Histoire. *Claude Bereur*, d'abord conseiller au Parlement, depuis, membre du Conseil privé en Flandre et conseiller d'état. *Jean Pétremand*, conseiller au Parlement, qui a publié les anciennes Ordonnances de Franche-Comté.

Claude de Boisset, conseiller-clerc au Parlement, chef du Conseil de l'Archiduchesse Marguerite, et qui présida en 1529, aux États d'Artois. *Jacques Terrier*, conseiller au Parlement, auteur de traités MSS. sur la jurisprudence. *Ferdinand Lampinet*, conseiller au Parlement, de qui on a des mémoires MSS. sur la Franche-Comté et le Parlement. *Henry Boguet*, grand-juge à St.-Claude, puis conseiller au Parlement, connu par ses observations sur la coutume de Franche-Comté, et par un Traité des Sorciers. etc.

Dans d'autres genres on peut citer, *Jean Morisot*, professeur en Médecine à l'Université de Dole, poëte, orateur, philosophe, auteur de plusieurs savans traités. *Louis Guyon*, habile dans la connaissance des langues savantes, auteur de Mélanges historiques. *Pierre Verney*, professeur en médecine à l'Université de Dole. *Jacques Dorenet*, médecin. *Claude-Antoine Bougaud*, aussi médecin, auteur ainsi que les deux précédens, de Traités sur la peste. *Claude-Joseph Normand*, docteur en médecine, auteur de plusieurs ouvrages sur la Médecine et l'Histoire. *L'Abbé Lambert*, de qui l'on a plusieurs productions historiques, et différens ouvrages

d'une

d'une littérature agréable. *N. Gillis*, sculpteur célèbre, directeur de l'Académie de Valenciennes. *Le frère Jean-Denis Attiret*, jésuite, né à Dole en 1702, mort à Pékin en 1768, très-habile peintre, que son mérite fit résider constamment à la cour de l'Empereur de la Chine, et dont on a plusieurs lettres intéressantes sur cet Empire. *Jean-François Attiret*, cousin du précédent, et mort depuis peu dans notre ville, sculpteur qui ne manquait point de talens, et dont on a plusieurs morceaux.

Parmi les militaires qui se sont distingués dans la carrière des armes, on peut nommer : *M. le comte de St. Mauris*, mort Lieutenant-Général. *M. Bereur de Malan*, Lieutenant des Gardes-du-Corps, Maréchal-de-camp. *M. le Marquis de Brun*, mort Lieutenant-Général. *M. le marquis de Vauchier du Deschaux*, Brigadier des armées. *M. le marquis de Monciel*, Brigadier des armées, Ministre plénipotentiaire à Stugard. *M. le comte d'Esterno*, Maréchal-de-camp, Ambassadeur en Prusse, etc.

www.ingramcontent.com/pod-product-compliance
Lightning Source LLC
Chambersburg PA
CBHW060506050426
42451CB00009B/840